새가족에서 소그룹 리더까지

4

| 김진기 편저 |

어떻게 믿음을 쉽게 나눌 수 있는가?

쿰란출판사

기독교인의
신앙 성장 과정

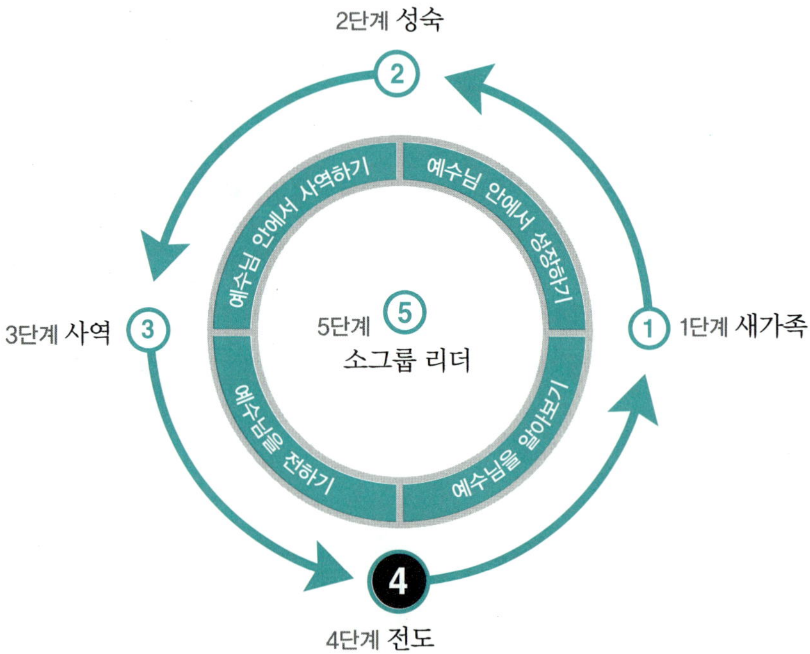

차례

CONTENTS

| 4단계 전도 |

막 1:17 "예수께서 가라사대 나를 따라 오너라 내가 너희로 사람을 낚는 어부가 되게 하리라 하시니"

4단계 과정에 오신 것을 환영합니다

예수님은 모든 사람을 위해 십자가에서 죽으시고 부활하셨습니다. 구원은 우리만을 위한 것이 아닙니다. 요한계시록을 통해 보면 하나님은 온 민족과 열방과 백성과 방백이 모여 하나님을 찬양하는 그날을 기다리고 계십니다. 먼저 믿는 사람은 하나님의 그 비전을 품고, 구원의 기쁜 소식을 전해야 합니다. 4단계는 개인의 삶과 소그룹 모임 속에서 자연스럽게 전도하는 것을 돕기 위해 만들어졌습니다. 이 단계를 통해 잃어버린 영혼들을 사랑하여 그리스도께로 나아오도록 함께 일하십시오. 위로의 마음과 확신을 가지고 신앙을 나누는 일에 동참하십시오.

4단계를 위한 기초

행 1:8 오직 성령이 너희에게 임하시면 너희가 권능을 받고 예루살렘과 온 유대와 사마리아와 땅 끝까지 이르러 내 증인이 되리라 하시니라.

막 1:17 예수께서 가라사대 나를 따라오너라 내가 너희로 사람을 낚는 어부가 되게 하리라 하시니.

마 28:19-20 그러므로 너희는 가서 모든 족속으로 제자를 삼아 아버지와 아들과 성령의 이름으로 세례를 주고 내가 너희에게 분부한

모든 것을 가르쳐 지키게 하라 볼지어다 내가 세상 끝 날까
지 너희와 항상 함께 있으리라 하시니라.

벧전 3:15 너희 마음에 그리스도를 주로 삼아 거룩하게 하고 너희 속에 있는 소망에 관한 이유를 묻는 자에게는 대답할 것을 항상 예비하되 온유와 두려움으로 하고.

4단계를 위한 주요 진리들

1. 전도는 하나님의 명령으로 선택이 아니라 필수이다.
2. 하나님 나라의 확장이 그리스도인의 삶의 우선순위이다.
3. 우리 모두는 제자를 만드는 사람으로 부름 받았다.
4. 양육의 최종 목표는 경건한 '제자'가 되는 것이 아니라 제자 삼는 사람이 되는 것이다.
5. 전도는 개인적으로 할 뿐 아니라 소그룹, 교회 단위로 이루어질 때 더 효과적이다.

4단계 목표

소그룹과 개인의 삶 속에서 전도를 하도록 말씀과 구체적인 방법 습득을 통해 무장한다.

4단계 개요

1과 전도를 위한 우리의 태도
- 신앙생활은 나의 만족만을 위한 것이 아닙니다.
- 소그룹 전도를 위해 극복해야 할 문제점들
- 성경과 관계성

2과 전인적 소그룹 전도전략
- 소그룹과 오이코스 전도
- 관계를 통해 잃어버린 영혼들에게 다가가기

3과 실제적인 전도전략
- 전도에 관한 오해
- 전도를 위한 5중 접근법
- 빨간 사과와 초록 사과
- 당신의 전도 대상자를 찾아보기
- 소그룹에서 전도 목적의 정기적인 행사 열기

4과 복음 제시하기
- 전도 방법
- 복음을 증거하는 자세
- 개인 간증 전도문을 작성하기
- 로마서를 이용해서 전도하기(복음 제시법의 예)

1과

전도를 위한 우리의 태도

1 신앙생활은 나의 만족만을 위한 것이 아닙니다.

1. ______는 나의 필요를 채우기 위해 존재하는 것이 아닙니다.

교회는 단지 여러분에게 필요한 것을 갖추어 주고 영적인 성장을 시켜 주기 위해 존재하는 것이 아닙니다. 교회는 그리스도의 목적을 이루는 수단이기도 합니다.

마태복음 6:31-33 그러므로 염려하여 이르기를 무엇을 먹을까 무엇을 마실까 무엇을 입을까 하지 말라 이는 다 이방인들이 구하는 것이라 너희 천부께서 이 모든 것이 너희에게 있어야 할 줄을 아시느니라 너희는 먼저 그의 나라와 그의 의를 구하라 그리하면 이 모든 것을 너희에게 더하시리라.

우리는 말씀에 따라 생각해 보아야 합니다.

(1) 하나님의 나라가 우리 교회에서 대부분 사람들의 우선적인 관심 사항인가?

(2) 그것은 당신에게도 우선적인 관심 사항인가?

2. __________의 목표는 나의 만족이 아닙니다.

영적 성장의 목표는 단순히 나의 정서를 만족시키려는 소비적인 것이 아닙니다. 내가 그리스도께 더 가까이 다가가며, 그분이 원하시는 일에 더 부합하도록 나 자신을 만들어가는 것입니다.

마 28:19-20 그러므로 너희는 가서 모든 족속으로 제자를 삼아 아버지와 아들과 성령의 이름으로 세례를 주고 내가 너희에게 분부한 모든 것을 가르쳐 지키게 하라 볼지어다 내가 세상 끝 날까지 너희와 항상 함께 있으리라 하시니라.

대부분 그리스도인이 "나를 성장시키라!"는 슬로건을 가지고 오직 제자가 되기 원합니다. 그러나, 예수님의 목표는 단순한 ________이 아니라 ____________________입니다!

3. ______은 나의 만족을 위해 오신 것이 아닙니다.

행 1:8 오직 성령이 너희에게 임하시면 너희가 권능을 받고 예루살렘과 온 유대와 사마리아와 땅 끝까지 이르러 내 증인이 되리라 하시니라.

예수님께서 우리로 하여금 그의 ______________ 성령을 주셨습니다. 우리 자신만을 위해 소비하라고 교회에 성령을 부어주시는 것이 아닙니다.

4. ______은 성도들의 만족을 위해 만들어진 것이 아닙니다.

(1) 소그룹은 클럽이 아니라 _____ 입니다.

전인적 소그룹은 클럽이라기보다는 팀으로 보는 것이 중요합니다. 클럽은 여러분이 회원으로서 이익을 취하기 위해 가입하는 곳입니다. 그러나 팀은 무엇인가를 이루기 위한 목적으로 결성됩니다. 소그룹에서는 멤버들의 잃어버린 친구들, 이웃, 그리고 동료들에게 예수님의 구원의 메시지를 들고 다가갈 목적으로 ____________.

(2) 소그룹은 전도를 위한 ____________ 입니다.

막 1:17 예수께서 가라사대 나를 따라오너라 내가 너희로 사람을 낚는 어부가 되게 하리라 하시니.

우리는 낚시라고 하면, 바로 낚싯대를 들고 있는 한 사람을 떠올릴 것입니다. 그러나 예수님이 이들에게 어부가 되게 하리라고 부르신 때에 그들은 그 시대에 쓰던 방법의 낚시를 생각했습니다. 낚시는 혼자 하는 활동이 아니었습니다. 오히려 그룹으로 하는 것이었습니다. 낚싯대가 아닌, 그물로 낚시를 했습니다. 그리고 물고기를 잡기 위해서는 팀을 만들어 함께 일해야 했습니다.

소그룹에서 복음을 전하는 것은 그물로 하는 낚시입니다. 믿지 않는 자들이 와서 그리스도를 알도록 함께 팀을 이루어 일하는 것입니다. 소그룹은 개별적으로 시작되었지만, 팀으로 함께 노력할 때 전도에 더 효과적입니다.

(3) 소그룹은 전도를 위한 ________________ 이기도 합니다.

현재 우리가 사는 이 시대는 누구나 외롭습니다. 사람들은 자신들의 삶에서 진정으로 자신을 돌보아줄 사람이 필요합니다. 소그룹에서는 각 사람이 한 사람 또는 두 사람을 전도할 목적을 가지고 ___________ 전도될 사람들에게 그리스도의 사랑과 영향력을 전할 수 있도록 합니다. 그래서 그들과의 관계를 통해 비신자들이 예수님을 구주로 ____________ ________가 이루어지게 됩니다.

무조건 믿지 않는 사람들에게 복음을 증거한다고 예수님을 영접하는 것은 아닙니다. 왜냐하면, 아직 복음을 들을 준비가 되어 있지 않기 때문입니다. 전인적 소그룹은 사람들로 하여금 신앙공동체를 경험하여 자연스럽게 예수님과 복음에 관심을 갖도록 할 수 있습니다.

2 소그룹 전도를 위해 극복해야 할 문제점들

1. ____________________

소비자의 심리는 특정 마트에 가면 직원들이 내가 원하는 서비스와 상품을 편리한 방법으로 제공해 주길 기대합니다. 만약 직원들이 그렇게 해준다면 계속 그곳에 가서 돈을 주고 상품을 구매합니다. 그러나 어떤 시점에 그들이 나의 기대에 미치지 못한다면 나는 필요를 채우기 위해 다른 마트로 갈 것입니다.

이런 풍조에 대해 성경은 우리에게 올바른 방향을 말씀해 주십니다.

엡 4:11-13 [11]그가 혹은 사도로, 혹은 선지자로, 혹은 복음 전하는 자로, 혹
은 목사와 교사로 주셨으니 [12]이는 성도를 온전케 하며 봉사의
일을 하게 하며 그리스도의 몸을 세우려 하심이라 [13]우리가 다
하나님의 아들을 믿는 것과 아는 일에 하나가 되어 온전한 사람
을 이루어 그리스도의 장성한 분량이 충만한 데까지 이르리니.

(1) 하나님의 일을 하도록 모든 성도들을 준비시켜야 합니다(12절).
(2) 그리스도인의 성숙함은 섬김/사역에 참여함으로 생깁니다(13절).
(3) 주를 위한 수고의 대가로 우리는 많은 사람을 '얻게' 됩니다.

2. ____________________

(1) 현대 교회에서 서로를 책임져 주는 관계는 사실상 존재하지 않습니다. 책임 대신 우리는 숨는 것에 전문가입니다.

창 3:10 가로되 내가 동산에서 하나님의 소리를 듣고 내가 벗었으므로 두려워하여 숨었나이다.

숨는 것은 우리 모두가 지금도 행하고 있습니다. 그 이유는 두려움 때문입니다. 우리는 다른 성도들에게 자기 자신을 개방하도록 하는 성령을 따르지 않고, 그래서 문제가 되고 있습니다.

(2) 우리는 심지어 스스로 "나에게 다른 사람은 필요 없어"라고 말합니다!

이런 태도는 신앙에도 영향을 미쳐서 예수님을 나의 '개인적인' 구주로만 여깁니다. 단지 예수님과 나만 생각하는 문제를 일으킵니다.

전 4:9-12 두 사람이 한 사람보다 나음은 저희가 수고함으로 좋은 상을 얻을 것임이라 혹시 저희가 넘어지면 하나가 그 동무를 붙들어 일으키려니와 홀로 있어 넘어지고 붙들어 일으킬 자가 없는 자에게는 화가 있으리라 두 사람이 함께 누우면 따뜻하거니와 한 사람이면 어찌 따뜻하랴 한 사람이면 패하겠거니와 두 사람이면 능히 당하나니 삼겹 줄은 쉽게 끊어지지 아니하느니라.

내 영혼을 돌보는 일에 책임지려면 누군가가 나와 함께해야만 합니다! 왜냐하면 우리는 혼자일 때 방황할 수 있기 때문입니다.

(3) 잘못된 태도들

① 우리는 다른 사람이 내 내면을 알 정도로 가까이 하는 것을 원하지 않습니다.

② 누군가 내 내면세계로 들어오고자 한다면 그들에게 화를 내거나 심지어 다른 교회로 떠나라고 말하기도 합니다.

③ 우리는 함께 일하기보다 혼자서 일하려 합니다.

유진 피터슨의 「천사들과 함께 일하기」 중에서

"의사들 사이에 스스로에게 의사 역할을 하는 사람은 어리석은 사람이라고 여겨진다. 내가 이해하기로 이 말은 몸을 돌보는 일은 복잡한 일이며 차분하고 객관적인 판단을 필요로 한다는 의미인 것 같다. 우리는 몸을 가졌을 뿐 아니라 자신들의 몸이기 때문에 어느 누구도 자기 몸에 관한 한 객관적으로 볼 수 없다. 그리고 우리는 우리 자신에 대하여 끊임없이 잘못 생각할 수 있다. 만약 몸을 돌보는 일을 맡은 사람들이 자신의 몸을 돌보기에도 믿을 만하지 못하다면 몸보다 훨씬 더 복잡한 영혼을 다루는 일은 더욱 믿을 만하지 못할 것이다."

3 성경과 관계성

현대 그리스도인들의 신앙생활에 있어서 관계성은 ____________ 이 되었습니다! 관계를 맺는 것은 불필요한 것이 되었습니다. 그리스도와의 개인적인 관계에만 집중하여 다른 이들과는 관계가 없는 모습도 보입니다.

그래서, 대부분의 그리스도인들이 함께 모이는 이유는 예배하고, 가르침을 받고, 필요한 시간에 교회의 프로그램이나 봉사들로부터 __________ ____________ 경우가 대부분입니다. 그래서 지금의 교회에서는 신약시대의 교회 모습을 찾기가 힘듭니다.

롬 12:10 서로에게 헌신하고 존경하라.

롬 13:8 서로 사랑하라.

갈 5:13 서로서로 섬기라.

엡 4:2 사랑 안에서 서로에게 인내하라.

엡 4:32 서로 용납함 속에 친절과 관용으로 대하라.

엡 5:19 서로에게 복종하라.

골 3:13 서로에게 불만을 갖게 할 때 용서하라.

골 3:16 서로서로 가르치라.

살전 5:11 서로서로 격려하고 세워주어라.

살전 5:15 서로에게 친절하라.

히 10:24 서로 사랑과 선행을 격려하라.

히 13:1 서로 형제처럼 사랑하라.

약 5:16 서로 자신의 죄를 고백하라.

벧전 1:22 서로 깊이 사랑하라.

C. S. 루이스는 홀로 할 수 없는 일이 두 가지 있다고 말했습니다.
"혼자서 결혼할 수 없으며 혼자서는 그리스도인이 될 수 없다!"

※ 개교회에 정착하여 신앙생활하는 사람의 특징들
(찰스 안 박사의 연구 결과)

- 이상적인 소그룹 대 교인들의 비율 : 100명 중 7개 소그룹 운영
- 이상적인 새신자 그룹 대 다른 그룹의 비율: 20%
- 소그룹 내에서 이상적인 기존 교인들의 비율: 75%
- 교회 내에서 이상적인 새신자들의 비율: 90%
- 이상적인 사역/직분과 교인들의 비율: 55%

2과

전인적 소그룹 전도전략

1 소그룹과 오이코스 전도

1. 오이코스란?

오이코스(oikos)는 단순히 '집' 이라는 그리스 말입니다. 사람으로 조직된 관계를 나타내는 것입니다. 개인의 오이코스는 구체적으로 ______________ 들을 의미한다고 볼 수 있습니다.

행 16:31 가로되 주 예수를 믿으라 그리하면 너와 네 집이 구원을 얻으리라 하고.

행 18:8 또 회당장 그리스보가 온 집으로 더불어 주를 믿으며 수다한 고린
도 사람도 듣고 믿어 세례를 받더라.

2. 오이코스 목록 만들기

소그룹의 모든 사람들이 자신의 오이코스 중 믿지 않는 사람 1-3명 정도의 이름을 써서 오이코스 목록을 만듭니다.

3. 소그룹에서의 격려와 점검

소그룹 구성원들은 서로의 오이코스에게 다가가기 위해 어떻게 노력했고, 어떻게 진행되고 있는지 모임 때마다 이야기합니다. 그리고 나서 그들은 서로의 영적 전투를 위해 기도하는 시간을 갖습니다.

고후 4:4 그 중에 이 세상 신이 믿지 아니하는 자들의 마음을 혼미케 하
여 그리스도의 영광의 복음의 광채가 비취지 못하게 함이니 그
리스도는 하나님의 형상이니라.

4. 소그룹 차원의 관계 맺기(전도가 이루어질 때까지)

기도하는 동안 소그룹 구성원들은 전도 대상자(오이코스)와 관계를 맺고 그들의 친구가 되며, 그들과 함께 ____________________이 필요합니다.

눅 5:1-3 무리가 옹위하여 하나님의 말씀을 들을새 예수는 게네사렛 호숫
가에 서서 호숫가에 두 배가 있는 것을 보시니 어부들은 배에서

나와서 그물을 씻는지라 예수께서 한 배에 오르시니 그 배는 시몬의 배라 육지에서 조금 띄기를 청하시고 앉으사 배에서 무리를 가르치시더니.

예수님은 예수님이 책임을 지신 사람들을 가르치고 계셨습니다. 그러나 시몬 베드로는 듣지 않고 옆쪽에 있었습니다. 베드로의 주의를 끌기 위해서 예수님은 배에 오르셨습니다. 예수님이 사람들에게 다가가기 위해 하신 것처럼, 우리는 '배에 오르는 것'으로 그들의 주의를 끌어야 합니다.

2 「관계를 통해 잃어버린 영혼들에게 다가가기」(제이 파이어보우)

※ 사람들이 처음 교회에 나오게 되는 이유
(찰스 안 박사의 연구 결과)

특별한 필요	2-3%
지나가다	1-2%
방문	1-2%
교회 프로그램	0.5%
집단 전도	1-2%
주일학교	3-5%
목사/교역자	1-6%
가족/친척/친구	75-90%

지난주, 나는 동네 철물점에 갔습니다. 물건을 사고 떠나려고 할 때, 나는 물건 값을 계산해 줄 사람을 찾지 못했습니다. 직원들이 많았음에도 불

구하고 물건 값 계산해 주는 것을 자신의 일로 느끼는 사람은 없는 것 같았습니다. 마침내, 나는 마음이 상한 채 그곳을 떠났습니다. 이 가게에서 비록 직원들이 일을 하고 있었다고 주장할지라도, 그 가게는 판매를 위해 확실히 직원을 배치하지 않았던 것입니다.

많은 소그룹들이 이와 동일한 문제로 고심하고 있습니다. 우리는 잃어버린 영혼들에게 다가가기를 원하지만, 우리에게는 그리스도가 없는 영원한 세월로 향하고 있는 이 영혼들에게 다가가기 위한 실제적인 계획이 없습니다. 우리는 사람들이 어둠의 나라에서 빛의 나라로 옮겨가는 것을 보기 원한다고 말은 하지만 사실 특별한 계획은 없습니다. 우리의 소그룹은 단지 구성원들이 전도해서 교회 예배 시간에 잃어버린 친구들, 이웃, 그리고 동료 직원들을 초청하기를 바라며 계속 지지부진합니다.

이 상황과 사고방식을 주시해 볼 때 그리스도를 위해 잃어버린 영혼들에게 성공적으로 다가가는 것을 방해하는 4가지 주된 문제들을 발견할 수 있습니다.

1. 기존의 그리스도인들 대부분은 잃어버린 영혼들에게 무관심합니다.

우리는 진실한 관계를 갈망하는 사회에 살고 있습니다. 그러나 우리에게는 주변의 잃어버린 영혼과의 관계에 투자할 시간이 없습니다. 대부분의 그리스도인들은 '교회 일'과 그리스도인 친구들과의 스케줄을 맞추는 데 바쁩니다. 솔직히, 대부분의 그리스도인들에게는 더 많은 관계를 시도해 볼 시간이 없습니다.

우리는 기독교 문화에 너무 젖어 있어서 기독교 세계 밖의 사람들에게 다가갈 능력을 잃어버렸습니다. 그러나 우리는 다른 문화로 들어가고자 하는 선교사의 사고방식을 가져야 합니다. 선교사는 선교지에 살고 있는 사람들과 접촉하기 위해 새로운 문화를 공부하는 방법을 채택하는데 사람들에게 그리스도를 소개하는 궁극적인 목적을 달성하기 위해서입니다.

반대로, 많은 그리스도인들은 '거룩한 군중들' 속에서 너무 편안해서 '시간이 많기는 하지만 왜 내가 나와 공통점이 없는 사람들 때문에 시간을 허비해야 하지?' 라고 생각합니다.

우리는 사람들과 시간을 보내기 위해 잃어버린 세계로 들어가야 합니다. 컴퓨터 수업을 열고, 작은 야구 경기 팀의 지도를 돕는 등 이웃들과 대화를 시작할 기회를 찾으십시오. 관계를 형성할 잃어버린 영혼들을 찾으십시오! 예수님은 누가복음 19장 10절에서 "인자의 온 것은 잃어버린 자를 찾아 구원하려 함이니라" 라고 말씀하셨습니다.

예수님은 잃어버린 영혼들과 너무 많은 시간을 보낸 것에 대해 비난받으셨을 때, "건강한 자에게는 의원이 쓸데없고 병든 자에게라야 쓸 데 있느니라. 너희는 가서 '내가 긍휼을 원하고 제사를 원치 아니하노라' 하신 뜻이 무엇인지 배우라. 내가 의인을 부르러 온 것이 아니요 죄인을 부르러 왔노라" (마태복음 9:12-13)라고 응답하셨습니다. 예수님께서 보여주신 본보기가 우리에게 가르치는 것은 잃어버린 사람들과 보내는 시간은 유용하다는 것입니다.

2. 대부분의 그리스도인들은 접촉하는 방법을 모릅니다.

최근에 나는 한 소그룹 모임에 있었는데 한 사람이 직장에서 '그리스도를 위해 인내하는 것' 에 대한 어려움을 나누었습니다. 그는 동료 직원들이 자기 안에서 그리스도와의 관계를 원하게 만드는 무엇인가를 보기를 원한다고 말했습니다. 나는 그에게 휴식 시간에 동료들이 서성이고 있을 때 대화를 시도하거나 점심을 함께 먹으면서 직장 동료 중 누군가와 관계를 형성하려고 시도하고 있는지를 물었습니다.

그는 대답했습니다. "오, 아니오. 점심 때 나는 성경을 읽기 위해 혼자 나갑니다. 휴식 시간에 동료들이 남을 비방하거나 노골적인 이야기들을 너무나 많이 하기 때문에 가능한 한 그들과 섞이는 것을 피하려고 합니다."

여러분도 직장 동료들에게 이와 비슷하게 대합니까? 동료들은 여러분 안에서 그리스도를 원하도록 만드는 '무엇인가를 보기' 보다는 단지 여러분이 이상하다고 생각할 것입니다. 동료들은 여러분이 자신과는 다른 세계에 있다고 생각할 것입니다.

잃어버린 자에 대한 긍휼을 가로막는 여러분의 독선적인 기준을 보호하려고 너무 애쓰지 마십시오.

잃어버린 동역자들과 친구들을 위한 마태의 마음은 많이 달랐습니다. 마태복음 9장에서, 그는 동료 세리들이 함께 모여 예수님과 교제하도록 하기 위해 집에서 저녁 파티를 엽니다. 바리새인들은 이 행동을 비난했습니다. 마태복음 9장 11절은 바리새인들이 자신의 의로움에 더 많은 초점을 두고 있다는 것을 보여 줍니다. "바리새인들이 보고 그 제자들에게 이르되 '어찌하여 너희 선생은 세리와 죄인들과 함께 잡수시느냐?' " 예수님은 '의로운' 바리새인들과 교제하기보다는 '죄인들' 의 무리와 함께 있기로 하셨습니다! 예수님이 그렇게 하신 것은 잃어버린 영혼들을 향한 사랑 때문이었습니다.

잃어버린 영혼들과 접촉하는 것은 긍휼히 여기는 마음과 접촉하고자 하는 신념으로부터 시작됩니다. 여러분과 더 많은 공통점을 지닌 그리스도인 친구들과 즐거워하며 기독교 문화에 둘러싸여 있는 것은 쉽습니다. 그러나 지옥은 실재하는 곳이고 우리 주위 사람들이 영원히 그곳에 있게 될 것입니다. 이 부담감을 갖고 여러분은 편안한 자리를 박차고 나와 잃어버린 영혼들을 위하여 일해야 합니다. 많은 그리스도인들이 이것에 과잉 반응해서 유일한 선택은 홀로 '복음 증거의 기계' 가 되는 것이라고 생각합니다. 그래서 대부분 지속적인 열매를 맺지 못합니다. 열매 맺는 비결은 여러분이 잃어버린 자에게 다가갈 수 있도록 다른 사람들과 함께 전략적으로 일하는 것입니다.

그러나 우선, 사람들이 지옥에 간다는 사실이 여러분이 수동적으로 행동하지 않도록 한다는 것을 인식하십시오. 여러분은 잃어버린 자들이 그리스도께로 나가도록 영향을 미친다는 희망을 품고 그들과 관계를 형성하기 위해 편안한 자리에서 나와야 합니다. 여러분은 간절한 마음으로 잃어버린 사람들과 관계를 맺는 법을 배우고 편안하고 익숙한 환경을 뛰어넘어 나아감으로써 실제적으로 그들과 관계 맺는 법을 배울 수 있습니다!

3. 대부분의 그리스도인들은 관계 맺는 방법을 모릅니다.

몇 년 전에 나는 잃어버린 영혼들과 어떤 관계도 가지고 있지 않다는 사실을 깨달았습니다. 사실 나는 '교회 일' 을 하느라 너무 바빠서 사람들이 그리스도를 알도록 돕는 시간을 만들지 못했던 것입니다.

이것은 단지 설교자들에게만 적용되는 문제는 아닙니다. 내가 수년 동안 알아온 많은 그리스도인들이 같은 결론에 도달했습니다. 우리는 잃어버린 영혼들이 진리를 깨닫고 구원받기를 원하지만, 그들에게 다가가지 않는다면 누가 이 일을 하겠습니까?

내가 이 사실을 깨달았을 때, 주변에 많은 잃어버린 영혼들이 있다는 사실을 알게 되었습니다. 아들과 딸이 지역 운동 팀에 있는데 그들이 운동하거나 연습하는 것을 보러 갈 때 나는 다른 사람과 교제하지 않고 혼자 있곤 했습니다. '그들은 잃어버린 영혼이다' 라는 인식이 나를 편안한 자리에서 나오도록 부담감을 주었기 때문에 나는 이것이 잃어버린 영혼들과 관계를 시작할 수 있는 기회임을 깨달았습니다. 그래서 나는 운동하러 가서는 다른 부모들과 대화를 시작했습니다. 서로 호감을 느끼게 되면 아내와 나는 경기 후에 그들에게 아이스크림을 대접하겠다고 초청하곤 했습니다.

나는 또한 이웃에 있는 사람들을 다르게 보기 시작했습니다. '나는 그들이 잔디를 깎았으면 좋겠어' 또는 '그 집 개가 항상 짖는 것에 질렸어' 라고 생각하기보다는 "안녕하세요!" 라고 말하고 함께 대화할 기회를 찾기 시작했습니다.

이웃에 사는 몇몇의 남자들이 한 주택 안의 차도에서 맥주를 마시며 이야기하고 있었습니다. 나는 매우 어색했지만, 다이어트 펩시 한 캔을 쥐고 그 남자들과 농담하며 웃기 위해 나갔습니다. 그 일이 재미있게 보여서가 아니라 그들과 관계를 맺기 원했기 때문입니다. 주일 오후 낮잠 시간을 놓쳤으나 그 일은 가치 있었습니다.

여러분이 믿지 않는 사람과 접촉하는 것을 고려해 볼 때 전도의 가장 흥미로운 부분은 전 가족이 함께 참여할 수 있다는 것입니다. 이웃의 한 가정을 정해서 함께 운동 경기, 동물원, 또는 영화를 보러 가자고 초청하십시오. 여러분은 가족과 즐거운 시간을 보내면서 동시에 주님 나라의 일을 하게 될 것입니다. 실제로 그 일은 그리 어렵지 않지만 여러분이 다른 사고방식을 가지도록 만들어 줍니다.

그리스도께서 여러분 안에 잃어버린 영혼들을 향한 그분의 마음을 창조하시도록 기도하십시오. 여러분 안에 잃어버린 영혼들에게 삶을 나누고자 하는 자원하는 심령을 새로이 부어달라고 기도하십시오.

4. 대부분의 그리스도인들은 체계적인 계획을 가지고 있지 않습니다.

앞의 세 가지 문제들을 극복한 사람들이 종종 성공하지 못하는 이유는 혼자 잃어버린 영혼에게 다가가려고 하기 때문입니다. 전인적 소그룹의 장점은 우리가 혼자가 아니라는 것입니다. 사실, 소그룹은 효과적인 전도가 일어나도록 동역하기 위한 최적의 장소입니다.

소그룹은 다음의 6단계를 수행함으로써 잃어버린 영혼들을 사랑하여 그리스도께로 나아오게 하는 과정에 모든 사람이 협력하는 전략을 제공합니다.

1단계는 목표를 정하는 것입니다. 여러분의 소그룹 안에 있는 모든 사람들에게 한 사람이나 두 사람의 믿지 않는 자들(그리고 관계를 형성할 수 있는 범위 안에서)을 목표로 세우라고 부탁하십시오. 비결은 모든 사람이 그리스도께 나아가도록 책임을 지는 것이 아니라 단지 한두 사람에 대해서만 책임을 지는 것입니다. 여러분의 임무는 복음을 증거하거나 이 사람을 그리스도께 인도하는 것이 아닙니다. 단지 관계를 형성하는 일을 하는 것입니다.

2단계는 개인이 기도하는 것입니다. 나는 개인적으로 기도가 전도를 위해 가장 충분히 이용되지 않는 자원이라고 생각합니다. 고린도후서 4장 4절은 한 사람이 그리스도와 그의 자비로운 용서가 필요하다는 사실을 깨닫지 못하는 것은 사단이 그들의 눈을 멀게 하고 있기 때문이라고 말합니다! 사람들이 '복음의 빛을 보도록' 돕는 것은 영적 전쟁입니다. 누군가를 목표로 정하고 관계를 맺기 시작한 후에 우리는 그들을 위해 무릎을 꿇고 싸워야 합니다.

3단계는 함께 기도하는 것입니다. 여러분의 소그룹이 함께 협력해야 합니다. 소그룹은 여러분이 목표로 삼고 있는 사람들의 명단을 가지고 있습니다. 주중 소그룹 모임 시간에 정기적으로 재검토하고 사람들의 이름을 불러가며 기도합니다. 대부분의 경우 우리 소그룹은 전체 그룹 기도, 짝 기도, 또는 총체적인 중보기도를 합니다. 그러나 어떤 때에 우리는 매우 구체적으로 기도합니다. 각각의 사람이 그리스도가 필요하다는 사실을 깨닫고 그분께 기꺼이 항복하는 것을 막는 장애물들에 대항하여 기도합니다.

4단계는 여러분이 목표로 한 사람들과의 관계 수준을 높이는 것입니다. 점심을 먹으러 가거나 함께 골프를 치러 가십시오. 함께 쇼핑하러 가자고 요청하십시오. 사람들 주변에 가서 대화할 기회를 찾으십시오. 가끔 우리는 사람들에게 교회 예배에 오라고 하거나 어떤 전도 행사에 초청했다가 거절당합니다. 교회 예배나 소그룹 모임에 관심이 있는지 알기 위해 사람들과 충분히 만나는 것이 중요합니다.

누군가 구원을 얻는 일은 여러분의 책임은 아닙니다. 그것은 성령님의 일이고 책임입니다. 그러나 그들을 돌보는 것은 여러분이 관여해야 할 일입니다. 관계를 형성하기 위해 편안한 영역을 뛰어넘는 것 또한 여러분의 책임입니다.

5단계는 소그룹에서 행사들을 기획 · 실행하는 것입니다. 그룹으로 함께 할 재미있는 일들을 계획하고 여러분이 그동안 사귄 사람들을 초대하십시오. 서로의 집에서 '게임의 밤' 을 열거나 동네 식당에서 저녁 식사를 할 수도 있습니다. 생일 파티를 열거나 축하 모임을 가질 수도 있습니다. 우리 교회 최고의 소그룹은 매달 몇 가지 행사를 합니다. 보통 소그룹들은 함께 모이기도 하고 매달 한 번은 그룹 차원의 행사를 시도합니다.

이러한 행사들을 계획할 때 우리의 초점은 그동안 사귀려고 노력해왔던 사람들을 초청하는 것입니다. 소그룹 멤버들은 사람들을 초청하고 행사 당일에도 초청한 사람들과의 관계를 돈독히 합니다.

이 과정에서 멤버들의 가정을 돌아가며 방문하는 것이 아주 중요합니다. 내 친구는 처음에는 우리 집에 오는 것을 더 편히 여길 것입니다. 그러나 사람이 두 번째 또는 세 번째 행사에 올 때, 장소는 사람만큼 중요하지 않게 됩니다. 이것이 소그룹이 아주 효과적인 이유입니다. 여러 행사들을 통해 중요한 일이 일어납니다. 사람들이 나의 친구에서 우리의 친구로 바뀝니다. 소그룹 전체가 함께 움직일 때 효과적으로 일이 추진됩니다. 얼마 후, 전혀 영적인 관심이 없던 사람들이 '나를 진심으로 사랑하는 이 새로운 친구들은 함께 교회에 가는구나. 나도 기독교에 관해 관심을 갖지 말라는 법은 없지' 라고 생각하게 됩니다.

6단계는 사람들이 그리스도께 마음을 열도록 소그룹이 함께 일하는 것입니다. 우리는 복음 제시에 너무 신경을 쓰는데, 사실 이것은 전도의 마지막 단계입니다. 중요한 것은 말을 완벽하게 하거나 즉석에서 "물건을 파는 것" 처럼 말을 전달하는 것이 아닙니다. 그보다는, 장애물들을 내려놓기 위해 실제적인 복음 제시에 앞선 일들을 하는 것이 중요합니다. 그러면 사람들의 마음이 그리스도께 열릴 것입니다. 경험에 의하면 일단 장애물들이 제거되면 즉 한 사람이 누군가에 의해서 사랑 받고 있으며 누군가 자신을 위해서 기도해 주고 있다는 사실을 느끼게 되면 그 사람이 그리스도를 영접하는 것을 보는 것은 나무에서 떨어지는 사과를 잡는 것처럼 쉽습니다!

전인적 소그룹은 사람들이 그리스도께 마음을 열도록 함께 일하기 위한 최고의 장소입니다. 또 실제적으로 일이 진행되도록 돕는 조직화된 계획을 제공합니다! 사단은 우리가 두려움에 빠져 있기를 원하지만, 간단하게 이 여섯 단계들을 실천함으로써 우리는 이웃, 직장 동료, 그리고 주위에 있는 모든 사람들과 관계를 형성하는 법을 배울 수 있습니다. 우리가 이것을 실천할 때, 우리의 마음은 변할 것이고 사람들의 영혼의 상태에 대해 더 많은 관심을 갖게 될 것입니다. 우리는 안락한 자리에서 나와 다른 사람들과 접촉하게 됩니다. 우리가 주변 사람들의 영혼에 무관심하다면 그리스도인으로서 만족한 삶을 살 수 없습니다! 그리스도의 마음이 우리의 심령에 부어질 때 우리는 변화되고 결과적으로 소그룹과 교회 전체가 변화될 것입니다.

**저자 소개 : 제이 파이어보우는 텍사스에 있는 클리어포인트 교회의 담임목사이다.

행동 포인트

1 행동

제이 파이어보우의 글을 읽고 느낀 점을 함께 토의하십시오.

2 행동

현재 하나님의 나라를 세우는 것이 나의 삶의 우선순위입니까? 아니면 나의 개인적인 필요와 꿈이 우선순위입니까?

3 행동

전도를 위해 내가 관계를 맺을 수 있는 사람은 누가 있는지, 그 사람과 어떻게 관계를 맺을 수 있을지 방법을 생각해 보고 서로 이야기하십시오.

4 행동

자신의 오이코스 중에 예수님을 아직도 모르는 사람의 목록을 작성하여 소그룹에서 함께 기도하십시오.

3과

실제적인 전도전략

1 전도에 관한 오해

	오해	진실
전도대상자	낯선 이	친구나 친척
전도자	전문가	평범한 사람
회심	즉시 일어남	각자의 성향에 따라 다름
영향	주로 말	주로 사랑과 행동

2 전도를 위한 5중 접근법

1. 모든 소그룹 멤버들은 한 사람 이상을 선택한다.
2. 혼자서 선택한 사람을 위해서 지속적으로 기도한다.
3. 소그룹 안에서 선택한 사람을 위해 함께 기도한다.
4. 선택한 사람과의 좋은 관계를 위해 힘쓴다.
5. 선택한 사람을 소그룹의 특별한 행사에 참여시킨다.

3 빨간 사과와 초록 사과

1. 빨간 사과와 초록 사과란?

빨간 사과는 기독교에 대해 마음이 많이 열린 사람을 의미하고, 초록 사과란 기독교에 대해 모르거나 별로 관심이 없는 사람을 말한다.

2. 빨간 사과와 초록 사과를 구분하여 접근하기

(1) 빨간 사과

사람들에게 복음을 제시하거나 사람들을 대예배에 초청한다.

(2) 초록 사과

전도를 위해 먼저 나에게 마음이 열리도록 해야 한다. 그 다음 다른 믿음의 친구들(소그룹 멤버들)에게 소개하고 교제하도록 한다. 세 번째 그리스도께로 인도한다.

4 당신의 전도 대상자를 찾아보기

1. 당신의 영향력 범위 안에 있는 오이코스 찾기(교회에서 약 30분 내외의 거리 안에서 살고 있는 오이코스)

여러분의 영향력 범위 안에서 예수님을 구세주와 주로 알지 못하는 사람들은 누구입니까?

주어진 빈 칸에 잃어버린 친구, 이웃, 직장 동료 그리고 가족의 이름을 기록하십시오.

2. 선택한 오이코스를 위해 개인 기도하기

세로 칸에는 매 달을 가리키는 숫자가 있습니다. 가로 칸에는 한 달의 날짜만큼 칸이 있습니다. 펜으로 오늘의 칸에 표시해 보십시오. 이것을 여러분의 성경에 끼워두거나 화장실 거울에 붙여 두십시오. 여러분이 아래에

	1	2	3	4	5	6	7	8	9	10	11	12	13	14	15	16	17	18	19	20	21	22	23	24	25	26	27	28	29	30	31
1																															
2																															
3																															
4																															
5																															
6																															
7																															
8																															
9																															
10																															
11																															
12																															

있는 축복의 목록에 있는 잃어버린 영혼들을 위해 기도할 때, 그 날에 해당하는 칸에 표시하십시오. 매일의 기도는 엄청난 추수를 거둡니다!

3. 소그룹에서 함께 기도하기

여러분의 개인 목록에 있는 한두 사람의 이름을 아래의 소그룹 기도 목록에 적고 그룹의 다른 멤버들이 내놓은 이름도 적으십시오. 목록에 실린 각 사람을 하나님의 영이 축복하고 그들에게 예수님의 사랑과 능력이 계시되도록 기도하십시오.

소그룹 내 전도 대상자 기도 목록표

1. ______________________________
2. ______________________________
3. ______________________________
4. ______________________________
5. ______________________________
6. ______________________________
7. ______________________________
8. ______________________________
9. ______________________________
10. ______________________________
11. ______________________________
12. ______________________________

5 소그룹에서 전도 목적의 정기적인 행사 열기

1. 행사의 목적

우리의 오이코스들을 위해 특별한 행사를 만들어 초대합니다.

2. 행사의 실례

- 볼링
- 동물원
- 극장
- 통통배
- 게임의 밤
- 각자가 음식을 가져 와서 나누며 먹는 저녁 파티
- 인기 있는 음식점을 돌며 시식하기
- 함께 운동 경기 보기
- 여성들의 밤
- 지역 공동체의 행사들
- 아이스/인라인 스케이팅 또는 롤러 스케이팅
- 스키 타기/보트 타기
- 야외 요리 파티
- 불꽃놀이/행렬
- 아이스크림 친교 시간(모두가 아이스크림 위에 곁들일 과자를 가져 온다.)
- 식당에서 함께 식사하기

• 휴일 소풍
• 낚시
• 남자들의 아침 식사 모임
• 학교 운동 경기 행사
• 알뜰 쇼핑
• 우주선/비행기/로켓 등등
• 자동차 경주 보러 가기
• 공원
• 수영장 파티
• 크리스마스 캐럴 부르기
• 연극
• 골프

3. 행사의 결과

초대된 손님은 '나의' 친구에서 '우리의' 친구로 변화됩니다.

4. 소그룹 멤버들의 자세

단순히 자신의 즐거움을 위한 행사가 아니라 초대된 친구를 예수님께로 인도하도록 하는 행사라는 것을 기억하며 노력해야 합니다.

5. 소그룹 행사 계획 방법

(1) 당신의 오이코스 사람들이 하기 좋아하는 일들을 생각하십시오.
(2) 초청하고 기도할 수 있을 정도로 충분히 일찍 계획하십시오.(몇 주 전에)

- ________ 할 것인가?(저녁에 게임하기, 피크닉, 함께 동물원 가기)
- __________ 할 것인가?(장소)
- ______ 시작할 것인가?(시간)
- 사람들은 무엇을 ________________________?

(3) 세 가지 일을 한다.

- 사람들을 초청한다.
- 초대에 오는 것에 마음이 열리도록 계속 기도한다.
- 사람들에게 상기시키고 재초청한다.

4과

복음 제시하기

벧전 3:15 너희 마음에 그리스도를 주로 삼아 거룩하게 하고 너희 속에 있는 소망에 관한 이유를 묻는 자에게는 대답할 것을 항상 예비하되 온유와 두려움으로 하고.

많은 교인들이 전도하지 않는 것은 복음 제시에 대한 두려움을 갖고 있거 불신자에 대해 무관심하기 때문입니다. 이번 과를 통해 전도하는 방법에 대해 체득하시길 바랍니다.

1 전도 방법

1. ______ 전도

⑴ 말을 통해 직접적으로 복음을 전하는 방법

간증을 통해 전도할 수 있습니다(행 26:2-23).

다양한 방법으로 성경의 복음을 증거할 수 있습니다.

(예 : 사영리, 다리예화, 전도폭발 등)

롬 10:14 그런즉 저희가 믿지 아니하는 이를 어찌 부르리요 듣지도 못한 이를 어찌 믿으리요 전파하는 자가 없이 어찌 들으리요.

롬 10:17 그러므로 믿음은 들음에서 나며 들음은 그리스도의 말씀으로 말미암았느니라.

성경공부를 통해 복음을 증거할 수 있습니다.

행 19:9-10 어떤 사람들은 마음이 굳어 순종치 않고 무리 앞에서 이 도를 비방하거늘 바울이 그들을 떠나 제자들을 따로 세우고 두란노 서원에서 날마다 강론하여 이같이 두 해 동안을 하매 아시아에 사는 자는 유대인이나 헬라인이나 다 주의 말씀을 듣더라.

⑵ 생활을 통해 간접적으로 복음을 전하는 방법

사랑(섬김과 봉사), 선행으로 복음을 증거할 수 있습니다.

마 5:16 이같이 너희 빛을 사람 앞에 비취게 하여 저희로 너희 착한 행실을 보고 하늘에 계신 너희 아버지께 영광을 돌리게 하라.

2. ________ 전도

소그룹에서 인격적인 관계를 맺고 마음이 열렸을 때 복음을 전하는 방법으로 비신자들이 준비되는 대로 성경 공부나 직접적인 복음 제시를 할 수 있습니다.

3. ________ (교회) 전도

총동원 주일, 행사 그리고 예배에 초청하여 복음을 전할 수 있습니다.

요1:45-46 빌립이 나다나엘을 찾아 이르되 모세가 율법에 기록하였고 여러 선지자가 기록한 그이를 우리가 만났으니 요셉의 아들 나사렛 예수니라 나다나엘이 가로되 나사렛에서 무슨 선한 것이 날 수 있느냐 빌립이 가로되 와 보라 하니라.

2 복음을 증거하는 자세

1. 개인적으로 간증을 하거나 복음을 제시할 때는 불신자가 알아들을 수 있는 용어를 사용해야 내용을 분명하게 전달할 수 있습니다.
2. 복음을 제시하고 성령님을 의지하며 기다립시오.
3. 그들이 하는 말을 경청하십시오.
4. 그들의 필요에 맞게 접근해서 복음을 제시하십시오. 믿지 않는 사람

들은 죽음 이후의 문제보다는 현재 나의 삶의 필요, 관심, 가치에 더 집중합니다. 그래서 그들의 필요, 관심, 가치에 대해 먼저 접근하고 그런 후에 서서히 복음을 제시합니다.

5. 복음을 전하더라도 세일즈맨이나 선생님처럼 가르치지 말고 사랑하는 친구 같은 관계로 다가가십시오.

전도에 대한 세 가지 견해 (찰스 안 박사)

1. 선생 대 학생

전도를 수신자가 발신자에게 보내는 일방적인 지식의 전달로 본다. 이 견해는 사람들에게 바른 정보를 주면 옳은 반응을 한다고 생각한다. 만약 발신자가 예상대로 반응하지 않는다면, 수신자가 정보를 올바르게 전달하지 않은 것이다.

2. 세일즈맨 대 손님

전도를 술수의 과정으로 본다. 감정에 호소하는 내용이거나 조심스럽게 준비된 질문으로 상대방을 이끌어가는 것일 수도 있다. 손님에게 큰 부담을 주는 세일즈 방식은 이 커뮤니케이션 모델에 근거한 것이다.

3. 친구 대 친구

전도를 동등한 사람 사이의 쌍방의 대화로 본다. 이것은 '모든 사물을 똑같이 보는 사람은 없다' 라는 인식에 근거한 것인데, 상대방의 관점에서 사물을 보려고 노력하는 것이다. 이 모델은 자신의 신념을 나누는 것을 반대하지는 않지만, 상대방의 관심사에 근거를 두며 그런 신념을 나눌 수 있도록 노력한다.

3 개인 간증 전도문을 작성하기

여러분의 회심의 경험을 신중하게 생각해 보십시오. 그 후에 사도행전 26장 1-29절의 바울의 간증에서 가져온 아래의 형식을 사용해서 자신의 경험을 묘사하는 두세 줄 정도의 문장을 적으십시오.

그리스도인이 되기 전에 나의 삶은 이와 같았습니다.

____

____

이것이 내가 그리스도를 따를 필요가 있다고 느꼈던 점입니다.

____

____

이런 방법으로 내가 그리스도를 영접하게 되었습니다.

____

____

그리스도인이 된다는 것은 내게 이와 같은 의미를 남깁니다.

____

____

4 로마서를 이용해서 전도하기(복음 제시법의 예)

조언

1. 로마서 각 구절은 외워야 합니다.
2. 성경에서 구절들을 찾으십시오.
3. "구도자"가 직접 그 구절들을 읽도록 하십시오.
4. 순서대로 말하듯이 복음을 제시하십시오.

1. 로마서 3:23

모든 사람이 죄인이므로 하나님께 이르지 못합니다.

(1) 로마서 3장 23절을 읽으십시오.
(2) 구도자는 자신이 죄인인 것을 인정해야 합니다.
(3) "죄는 깊은 구렁처럼 하나님으로부터 우리를 분리합니다."
(4) 로마서 3장 23절 아래에 로마서 5장 8절을 쓰십시오.

2. 로마서 5:8

하나님은 우리를 너무나 사랑하셔서 우리의 죄를 위해 죽도록 그의 아들을 보내셨습니다.

(1) 로마서 5장 8절을 읽으십시오.
(2) "예수님의 피가 우리와 하나님 사이의 간격에 다리를 놓습니다."
(3) "우리가 천국에 갈 수 있는 유일한 방법은 예수님의 피 흘리심을 통해서입니다."
(4) 로마서 5장 8절 아래에 로마서 6장 23절을 쓰십시오.

3. 로마서 6:23

영생은 값없이 주는 선물입니다.

(1) 로마서 6장 23절을 읽으십시오.

(2) "우리의 죄의 값은 사망입니다."

(3) "예수님은 그의 생명과 피로 우리의 빚을 갚으셨습니다."

(4) "예수님은 값없이 주는 선물로서 우리에게 구원을 베푸십니다."

(5) 로마서 6장 23절 아래에 로마서 10장 9절을 쓰십시오.

4. 로마서 10:9

그리스도 안에서 새로운 삶을 시작하기 위해, 여러분은 예수님께서 여러분의 죄 때문에 죽으셨다는 것을 믿고, 그의 죽음을 값없이 주시는 선물로 받을 뿐 아니라 여러분이 하나님의 아들을 구주로 영접한 것을 선포해야 합니다.

(1) 로마서 10장 9절을 읽으십시오.

(2) "예수님을 영접하는 것은 하나님을 삶의 주인으로 모시기로 결단하는 것입니다."

(3) "이것은 여러분이 완벽해질 것이라는 것을 의미하지 않습니다."

(4) "예수님이 여러분에게 해주신 것에 기초해서 선택하기로 노력할 것이란 뜻입니다."

(5) 로마서 10장 9절 아래에 로마서 10장 13절을 쓰십시오.

5. 로마서 10:13

이 말씀은 여러분을 향한 하나님의 약속인데, 만약 여러분이 예수님을 영접하면 그분도 여러분을 영접할 것입니다.

(1) 로마서 10장 13절을 읽으십시오.

(2) “예수님은 여러분을 가족의 일원으로 만들기를 간절히 바라십니다.”

(3) “여러분이 무엇을 해왔든 상관없이, 예수님은 여러분을 사랑하고 여러분을 영접하실 것입니다.”

(4) 구도자에게 지금 예수님을 영접하기를 원하는지 물어보십시오.

(5) 이와 같이 기도하십시오.

(삶을 예수님께 내어 드린다는 것은 말이 아니라 여러분 인생의 주권을 전적으로 하나님께 내어 드리려는 마음의 태도를 의미합니다.)

“하나님, 저는 제가 죄를 지어 온 것을 알기에 당신의 용서를 구하기 원합니다. 저는 예수님께서 저의 죄 때문에 죽으신 것을 믿습니다. 저는 지금 당신이 주신 영생을 받아들입니다. 저는 예수님을 구주로 따를 것이고 제가 하는 모든 일에 주님께 순종하려 노력할 것입니다. 제게 새 생명을 주셔서 감사드립니다. 예수님 이름으로 기도합니다. 아멘.”

서 약 서

교회 이름 : ________________________________

사람들로 하여금 예수님의 사랑과 진리를 발견할 수 있도록 돕는다.

나 ____________ 은/는 아래에 있는 약속들을 지키겠습니다.
(서약자 이름)

1. 정기적으로 나의 오이코스들을 위해 기도하겠습니다.
2. 오이코스의 필요에 대해 민감하겠습니다.
3. 오이코스와 친구가 될 것입니다.
4. 오이코스에게 알맞은 교회 활동이나 프로그램에 참여시키겠습니다.
5. 하나님의 사랑을 나누기 위해 늘 성령의 역사에 민감하겠습니다.

나의 오이코스

이름	전화번호 및 이메일

[교회 양육 시스템]

1단계(새가족) : 우리는 무엇을 믿는가?

↓ 예수님 안에서 성장하기

2단계(성숙) : 어떻게 믿음이 성장하는가?
(성경 공부와 기도 습관 만들기)

↓ 예수님 안에서 사역하기

3단계(사역) : 어떻게 은사를 사용하는가?

↓ 예수님을 전하기

4단계(전도) : 어떻게 믿음을 쉽게 나눌 수 있는가?
(전도를 삶의 부분으로 만들기)

↓ 예수님의 제자 삼기

5단계(소그룹 리더) : 소그룹 리더십을 어떻게 개발하는가?

5단계로 가십시오!

5단계(소그룹 리더) : 소그룹 리더십을 어떻게 개발하는가?

해답

| 1과 전도를 위한 우리의 태도 |

1 · 신앙생활은 나의 만족만을 위한 것이 아닙니다.

1. 교회(8p)
2. 영적성숙, 제자들, 제자 만드는 사람을 창조하는 것(9p)
3. 성령, 증인이 되기 위하여(10p)
4. 소그룹(10p)
   (1) 팀, 함께 일합니다 (10p)
   (2) 예수님의 방법(10p)
   (3) 가장 효과적인 장소(10p)
   관계를 통해, 영접할 수 있는 준비(11p)

2 · 소그룹 전도를 위해 극복해야 할 문제점들

1. 소비자 중심주의(12p)
2. 개인주의(12p)

3 · 성경과 관계성

선택 사항, 섬김을 받기 위한(14p)

| 2과 전인적 소그룹 전도전략 |

1 · 소그룹과 오이코스 전도

가족, 친구, 동료(16p)
관계를 증대시키는 노력(17p)

2 · 관계를 통해 잃어버린 영혼들에게 다가가기

해답

| 3과 실제적인 전도전략 |

1 · 전도에 관한 오해

2 · 전도를 위한 5중 접근법

3 · 빨간 사과와 초록 사과

4 · 당신의 전도 대상자를 찾아보기

5 · 소그룹에서 전도 목적의 정기적인 행사 열기
무엇을, 어디에서, 언제, 가져와야 하는가?(35p)

| 4과 복음 제시하기 |

1 · 전도 방법

1. 개인(37p)
2. 소그룹(38p)
3. 대그룹(38p)

2 · 복음을 증거하는 자세

3 · 개인 간증 전도문을 작성하기

4 · 로마서를 이용해서 전도하기(복음 제시법의 예)

김진기 목사 Steve Kim

- 미주에서 다년간 이민 목회를 해온 1.5세 사역자
- 일리노이 주립대학교 졸업
- Trinity Evangelical Divinity School(M.DiV. 및 Th.M. 실천신학 전공)
- 현 미니스트리 디렉 대표
- 현 남태평양선교회 회장
- 저서 _ 메가 교회를 통하면 교회성장 꼭 이루어진다
- 편저 _ 가족에서 소그룹 리더까지 양육 교재 1-5단계
- 역서 _ 명설교 컨설팅, 산을 옮기는 물고기

어떻게 믿음을 쉽게 나눌 수 있는가? (4)

2006년 12월 5일 인쇄
2006년 12월 15일 발행

편저자 | 김진기
발행인 | 이형규
발행처 | 쿰란출판사

주소 | 서울 종로구 이화동 184-3
TEL | 02-745-1007, 745-1301, 747-1212, 743-1300
영업부 | 02-747-1004, FAX / 02-745-8490
본사평생전화번호 | 0502-756-1004
홈페이지 | http://www.qumran.co.kr
E-mail | qumran@hitel.net
qumran@paran.com
한글인터넷주소 | 쿰란, 쿰란출판사
등록 | 제1~670호(1988.2.27)
책임교열 | 오완

값 3,000원
ISBN 89-5922-282-8 94230
89-5922-278-X (세트)

미니스트리 디렉 *http://www.mdinc.org*

〈한국 사무실〉
전화: 02-423-0356 팩스: 02-423-0356 이메일: mdinc@paran.com
주소: 서울 송파구 방이동 35-4 아이스페이스 잠실II 305호

〈미국 사무실〉
전화: 1-425-750-0749 팩스: 1-253-838-3471 이메일: ministrydirect@empal.com
주소: 4704 Northport Dr.Mukilteo, WA98275